apple

Apfel

Aprikose

apricot

eggplant

Aubergine

banana

Banane

broccoli

Broccoli

Karotte

carrot

cauliflower

Blumenkohl

Kirsche

cherry

cucumber

Gurke

Kiwi!

leek

Lauch

Zitrone

lemon

mandarin

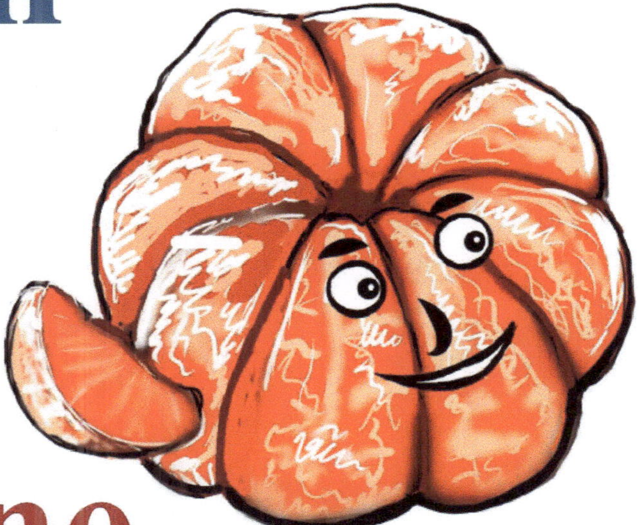

Mandarine

Zwiebel

onion

orange

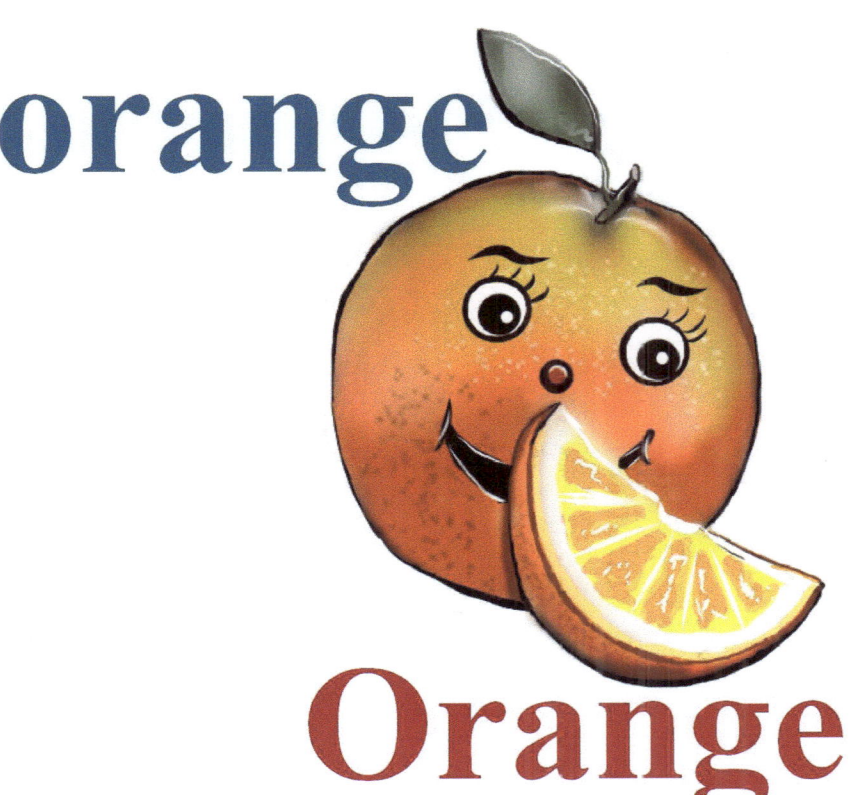

Orange

Pfirsich

peach

pear

Birne

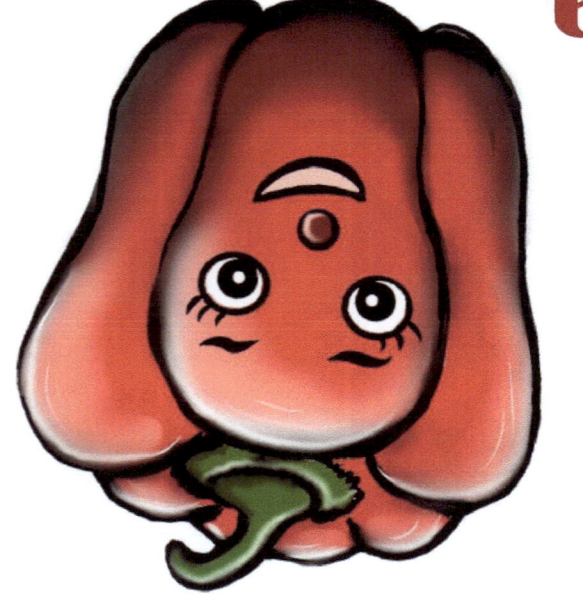

Paprika

Paprika

pineapple

Ananas

Kartoffel

potato

plum

Pflaume

Kürbis

pumpkin

radish

Radieschen

Salat

lettuce

strawberry

Erdbeere

Tomate

tomato

watermelon

Wassermelone

Weintrauben

grapes

zucchini

Zucchini

© 2022 Maria Dumitrache
Herstellung und Verlag: BoD – Books on Demand, Norderstedt
ISBN: 9783756202126